LES CARTOGUIDES

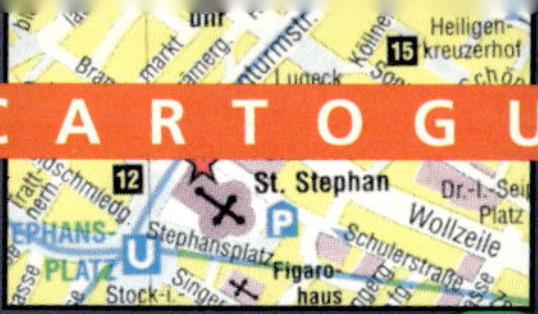

Vienne

CARTE PLIABLE GEANTE

PROMENADE EN VILLE

CURIOSITES

DETAILS PRATIQUES

lannoo

Sommaire

I Bienvenue à Vienne

Au-delà des valses viennoises, saucisses viennoises et autre Wiener Blut, vous trouverez, sur les rives du beau Danube bleu, ce mélange classique de tous les ingrédients qui, depuis toujours, symbolisent Vienne: les touristes nonchalamment assis aux terrasses des cafés, la ville et son décor impérial et royal, la Grande Roue du Prater, le **Heurigen** enivrant des vignobles voisins et la gentillesse naturelle des Viennois. Mais vous pourrez aussi y côtoyer l'inattendu en prenant cet ouvrage pour guide. Il vous accompagnera dans l'obscurité des tombes médiévales sous le Stephansdom (cathédrale Saint-Etienne), vous fera découvrir l'âge d'or du baroque viennois et naturellement ce passé – pas si lointain – où Vienne était la capitale d'un empire dont l'ensemble des Etats comprenait quelque 53 millions d'habitants.
La capitale de l'Autriche où plane toujours l'ombre du «Troisième Homme» est plus que jamais un point de confluence entre l'Est et l'Ouest. Elle est également une métropole culturelle riche de musées brillants et de salles de spectacle où le monde entier se donne rendez-vous.
La découverte de cette ville, qui a mis des centaines d'années à se construire et à devenir aujourd'hui une des plus belles cités d'Europe, cette ville qui fut tout à la fois monument impérial et berceau des temps modernes, n'est jamais harassante. On y trouve toujours l'occasion de s'arrêter pour une agréable pause café ou pour goûter la bonne cuisine viennoise à la réputation légendaire.

Vue sur la Karlskirche (église Saint-Charles-Borromée) et le Stephansdom (cathédrale Saint-Etienne).

HILTON

II Chronique: dates clés de l'histoire de la ville

15 AC	Les légions romaines atteignent la plaine de Vienne et y installent un important camps militaire (castrum de Vindobona).
1137	Vienne est élevée au rang de ville libre.
1278	Bataille décisive au cours de laquelle l'armée du roi de Bohême Ottokar II est défaite par celle du roi allemand Rudolf Ier de Habsbourg, qui s'empare de la ville. Vienne restera 6 siècles aux mains de ces souverains allemands péjorativement appelés «Sonabes».
1477	Maximilien Ier épouse Marie de Bourgogne. Ce mariage est le premier exemple d'une fructueuse chasse à la dot sur laquelle les Habsbourg vont bâtir leur futur empire.
1526	Les Habsbourg occupent le trône du roi de Hongrie et celui du roi de Bohême. Vienne devient le centre d'un empire dont les structures vont survivre jusqu'en 1918.
1529	Les Turcs assiègent Vienne sans succès. Il en sera de même en 1863.
1620	Vienne devient le centre de la Contre-Réforme après la victoire des Habsbourg sur les protestants de Bohême, dont les meneurs sont exécutés et le rayonnement anéanti. Apparaissent alors des milliers de couvents et d'églises qui caractérisent toujours la ville.
1679	La peste tue 100.000 Viennois.
1713	Achèvement de la résidence d'été de la famille impériale: le palais de Schönbrunn, qui ne compte pas moins de 1.500 pièces.
1740	Marie Thérèse devient impératrice d'Autriche et cinq ans plus tard impératrice d'Allemagne (elle le restera jusque 1780). On peut situer sous son règne et sous celui de son fils Joseph II le début des temps modernes à Vienne.
1781	Mozart vient à Vienne suivi par Joseph Haydn en 1790 et Ludwig van Beethoven en 1792.
1805	Occupation de Vienne par les troupes de Napoléon.
1809	Le Prince de Metternich devient chancelier d'Etat et instaure un état policier doublé d'un parfait système d'espionnage.
1814-15	Napoléon est vaincu. Le Congrès de Vienne exulte et l'Europe entière est redessinée.
1848	Le peuple épanche son amertume dans une révolution vouée à l'échec. Les troupes impériales instaurent un tribunal de répression pour punir de manière exemplaire les fauteurs de trouble. François Joseph Ier, qui n'a alors que 18 ans, accède au trône: son règne dura 68 ans.
1854	La belle «Sissi», fille du duc Maximilien de Bavière, épouse François Joseph. L'impératrice, déjà célèbre de son vivant, mourra lors d'un attentat en 1898.
1857	Destruction des murs d'enceinte de la ville pour faire place au boulevard périphérique actuel.
1900	Sigmund Freud publie «l'Interprétation des rêves», la première

pierre de son analyse psychanalytique. Il sera chassé de la ville en 1938.

1911 Vienne compte plus de 2 millions d'habitants. Un Viennois sur 4 est Tchèque. Un Viennois sur 6 est Juif.

1914 Après la mort de l'archiduc lors d'un attentat à Sarajevo, le gouvernement lance à la Serbie un ultimatum qui mènera à la déclaration de la Première Guerre mondiale.

1918 La défaite provoque l'éclatement de la monarchie austro-hongroise et la proclamation de la république autrichienne.

1919 Pour la première fois, un social-démocrate devient maire d'une ville d'une population aussi importante. Dans les années qui suivent, la «Vienne la rouge» sera citée en exemple pour sa politique sociale et de logement.

1934 Le coup d'Etat des «Austro-fascistes» débouche sur une dictature de type mussolinien.

1938 Entrée des troupes allemandes dans Vienne et annexion de l'Autriche (Anschluss). Sur la Heldenplatz, Hitler s'adresse à une foule en délire. Suivront razzias, arrestations en masse et déportations.

1944 Grande destruction de la ville sous les bombes.

1945 Libération de Vienne par l'Armée Rouge et division de la ville en 4 zones d'occupation.

1955 Le traité de paix autrichien sanctionne la fin de l'occupation et la neutralité du pays.

1961 Rencontre au sommet entre J.F. Kennedy et Khrouchtchev à Vienne.

1979 L'ouverture de la Cité O.N.U. confirme la position de Vienne comme ville de conférences.

1994 Le «Ronacher», le plus vieux théâtre de variétés de langue allemande, est rouvert.

Ci-dessous: l'intelligentsia viennoise dans un «Kaffeehaus».

III Promenade: balade à Vienne

Matinée: Hofburg – Josefsplatz – Dorotheergasse – Graben – Stock-im-Eisen-Platz – Stephansplatz (cathédrale) – Kärntner Strasse – Himmelpfortgasse.

Midi: repas au Café Frauenhuber

Après-midi: Ballgasse – Franziskanerplatz – Blutgasse – Bäckerstrasse – Dr.-Ignaz-Seipel-Platz (la vieille université) – Schönlaterngasse – Hoher Markt – Tuchlauben – Graben – Kohlmarkt – Michaelerplatz.

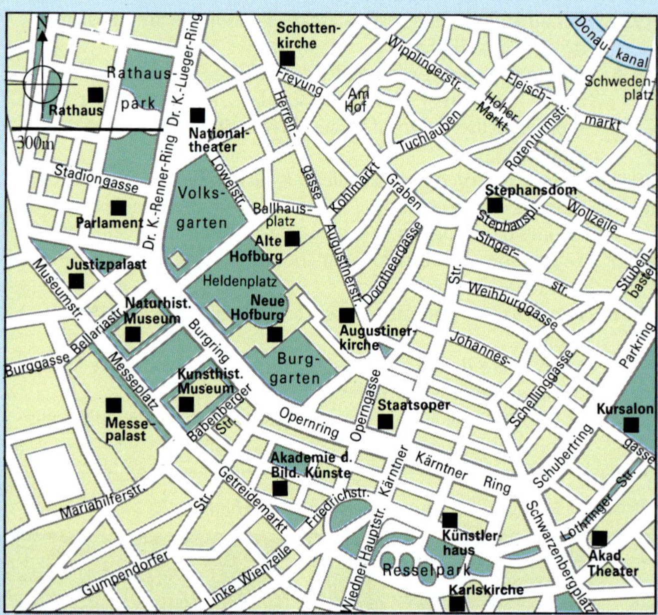

Cette promenade a pour but de dévoiler aux touristes les aspects importants et les principales curiosités de la ville. Les raccourcis et les détours sont laissés à l'initiative du visiteur. Le plan vous aidera à vous orienter.

Pour plus d'informations sur les curiosités les plus marquantes reprises ci-après en caractère **gras** ou sur d'autres points non cités en ce présent chapitre, n'hésitez pas à vous référer aux pages intitulées «A ne pas manquer» (pages 18 et suivantes).

III Promenade: balade à Vienne

La **Hofburg** viennoise, qui fut jusqu'en 1918 le centre du pouvoir de l'empire des Habsbourg, ne se situe qu'à un jet de pierre du centre urbain. Ce colossal chef d'œuvre d'époque impériale, dont les murs gardent le souvenir de 500 ans d'histoire mondiale, étire ses façades vers le centre de la ville. L'ensemble princier, symbole en pierre de la domination de la cour, a été gratifié par les initiés du diminutif de «Burg». Il est tout à fait accessible aux touristes qui visitent Vienne à pied.

Par contre, son agencement intérieur rendra assurément leurs pas plus hasardeux: au cours des siècles, les architectes ont transformé le dédale des places et des sentiers principaux et secondaires, reliés par des couloirs plus ou moins secrets des portes et des arcades, en un véritable labyrinthe impérial et royal.

Cet étonnant aspect extérieur de la résidence des Habsbourg peut témoigner à lui seul de l'histoire autrichienne. Une «grande œuvre», comme l'appelait l'écrivain Robert Musil, bien construite mais inachevée, à l'instar du vieil empire autrichien. On y a toujours conservé le faste de la cour, même lorsque l'étoile des Habsbourg commençait à s'éteindre. François Ier, par exemple, invité de l'aristocratie européenne à l'important Congrès de Vienne, était, comme pour une représentaion d'opérette, accompagné de la plus brillante garde du monde. Actuellement, la Hofburg offre un toit à des occupants aussi divers que le Président de la République, les lippizans et, chaque dimanche, les Petits Chanteurs de Vienne. Mais on y trouve aussi de nombreuses salles d'exposition accessibles aux visiteurs. Une collection d'objets précieux datant du Moyen Age et sans doute unique au monde est présentée dans la partie la plus ancienne de la Hofburg: la *Weltliche und Geistliche Schatzkam-*

La Wiener Hofburg

mer (ou chambre du Trésor profane et sacré des Habsbourg).

Le mont-de-piété de la Dorotheergasse, communément abrégé en **Dorotheum** par les Viennois, est, par ses nombreuses succursales, l'un des plus grands du monde. On peut aujourd'hui en parler comme d'une grande entreprise commerciale puisqu'il développe un chiffre d'affaires annuel de quelque 2 milliards de francs belges – 333 millions de francs français. Le palais qui jouxte le Dorotheum, au numéro 11 de la même rue, abrite aujourd'hui le **Musée Juif.**
La ville intérieure et médiévale de Vienne, la Innere Bezirk, regorge d'endroits à ne pas rater. Tel le café **Bräunerhof,** un établissement vieux style avec ses niches et ses miroirs, où se réunissent les intellectuels viennois mais également les mélomanes attirés par des récitals de musique de chambre. Vous y trouverez tous les journaux étrangers et pourrez vous mettre au courant de

Mise en vente d'objets de choix au Dorotheum: ici, une pipe d'écume.

Le Wiener Blut: «Je danserai éternellement au son d'une valse».

tout ce qui se passe à Vienne.

Tel aussi, 100 mètres plus loin, l'«Hotel am Graben» dont une des chambres abrita l'écrivain Peter Altenberg lors de chacun de ses passages à Vienne de 1913 à sa mort en 1919. Cet artiste du mot et de l'image aimait à philosopher, dans les cafés de la ville, sur la vie et les faiblesses humaines aussi méprisables qu'aimables. Juste en face de l'hôtel, vous aurez la possibilité de vérifier de visu cette sagesse de vie en entrant dans le **Café Hawelka.** Il s'agit d'un établissement connu dans la ville entière, jadis prisé des artistes et des antiquaires et aujourd'hui le lieu de rendez-vous des jeunes Viennois. L'endroit est célèbre pour son atmosphère, son exiguïté et sa recette maison de crèpes à la levure et à la compote de prunes: «*Wuchteln*». Comme beaucoup d'autres plats typiques de la cuisine viennoise, cette spécialité est originaire de Bohême.

Dans le **Graben,** élégante artère commerçante de la ville, fourmille une foule de passants avides de lèche-vitrine et d'achats. Le quartier est devenu piétonnier mais n'en est pas pour autant un centre de quiétude au cœur de la grande ville.

Pris entre place et boulevard, ce tronçon de 200 mètres a vu se construire les riches demeures des patriciens du Moyen Age et s'étirer dignement les processions et les cortèges des souverains de l'époque baroque. De cette période date la

Légèreté du baroque: la Pestsäule

saisissante mais disgrâcieuse **Pestsäule** (ou colonne de la Peste). Une construction de marbre blanc qui domine la place dans un style plastique haut baroque, curieux mélange d'humilité devant Dieu et de fascination morbide pour le mal.

Au coin suivant de la Spiegelgasse, vous aurez le regard attiré et le souffle coupé par le spectacle qui s'offre à vos yeux. Symbole de pierre de la métropole du Danube, la cathédrale Saint-Etienne (**St. Stephansdom**) se dresse sur votre gauche. Entre les façades profanes, vous reconnaîtrez du premier coup d'œil la tour sud de cette vieille cathédrale. Avant de visiter la cathédrale, ne manquez pas de prêter attention à la Stock-im-Eisen-Platz, où se dresse la Neue-Hass-Haus (n° 4), l'œuvre fétiche du bourgmestre Helmut Zilk, fort soucieux de la qualité de l'urbanisme.

La cathédrale est reconnaissable de loin grâce à l'aigle double des Habsbourg et sa toiture d'ardoises colorées et vernies. Elle est un ensemble architectural dont la première pierre fut posée en l'an 1137 et où l'on peut lire aujourd'hui la succession des périodes comme les cercles annuels d'un tronc d'arbre. Les Croisés en route vers la Palestine firent de Vienne un lieu de repos.

La partie la plus ancienne de l'église est sa façade ouest, remarquable par son portail central flanqué de deux lourdes «Heidentürmen». La cathédrale doit sa forme actuelle aux transformations en style gothique qu'elle subit au cours des 14e et 15e siècles. Pour ne pas perturber les services religieux qui n'ont jamais cessé d'être célébrés en ses murs, les architectes de l'époque ont modifié, pierre par pierre, l'aspect de l'église existante. Ils lui ont ainsi donné la hauteur du ciel et la profondeur de l'enfer. Ce qui explique l'entraînement que doit avoir le visiteur actuel, s'il veut découvrir le monument du haut de ses tours ou de l'empire des morts. 343 marches mènent au sommet et au panorama de la tour du sud. Cette partie fut achevée en 1433 et est, avec ses 137 mètres de hauteur, la plus haute tour d'église du monde médiéval.

La pénombre des **catacombes**, qui s'étendent sous la cathédrale et la Stephansplatz, fera frissonner les touristes les plus désinvoltes, avant de les rendre à la vie et à l'animation des rues viennoises.

La **Kärntner Strasse**, avec ses boutiques de mode et ses cafés décorés de marbre, n'est pas une rue où il fait fort sombre le soir venu.

Le **Café Frauenhuber** de la Himmelpfortgasse est le plus ancien en son genre. Plus loin, on tombe directement dans la Rauhensteingasse, un vieux quartier pittoresque et fort étendu comme on n'en trouve probablement dans aucune autre métropole. La sinueuse **Ballgasse** débouche sur la **Franziskanerplatz**, belle comme une carte postale avec ses cheminées de travers, ses fontaines et ses balcons en fer forgé. La maison du coin, le **Kleine Café**, est grand comme un trou de souris que fréquente tout le «petit monde viennois».

Pour aboutir dans la **Blutgasse**, auquel tout le quartier qui se trouve derrière la cathédrale Saint-Etienne doit son nom, il faut, à partir du coin de la Singerstrasse, faire un détour par la **Fähnrichshof**. Ce charmant ensemble d'ateliers d'artistes, de galeries, de boutiques et d'appartements s'agence autour de jardins silencieux qu'ombragent des platanes centenaires. Les maisons que l'on appelle «*Pawlatschengänge*» y font penser aux régions du sud.

Le compositeur W.A. Mozart a habité quelques maisons plus loin, dans la Domgasse. La **Mozart-Wohnung** (maison de Mozart) est actuellement un des innombrables endroits de pèlerinage viennois. Plus loin, le visiteur ne manquera pas de remarquer le solide **Dom-Beisl** et le café **Diglas** dont le charme classique rehausse la Wollzeile. La **Dr.-Ignaz-Seipel-Platz** est sans doute une des places les plus impressionnantes de toute la ville. Avec sa décoration surchargée, l'ancienne **Aula** est l'exemple type du rococo viennois. La **Alte Universität** (ancienne université), qui date de 1425, et les solides tours baroques de la **Jesuitenkirche** (église des Jésuites) témoignent à merveille de

«Gschnas»: danses dans le quartier de l'Université.

la volonté des architectes de l'époque d'aller toujours plus haut.

Au-delà du sentier qui longe le mur de l'église, la route mène à la Schönlaterngasse et débouche, après avoir contourné le clocher de l'ancienne chapelle du couvent, sur la **Heiligenkreuzerhof:** une oasis de paix. Le Fleischmarkt et la Rotenturmstrasse mènent, par de mauvais pavés, à la Rabensteig au bout de laquelle le **Kra-Kra** marque la frontière du quartier des cabarets, aussi surnommé le «Bermuda-Dreieck» (Triangle des Bermudes). Invisible de la rue, une **synagogue**, vestige de la ville juive de 1826, est la seule qui échappa au pogrom nazi de l'automne 1938.

Plus loin, la Judengasse serpente le long des étalages de jeans vers le Hoher Markt. Tuchlauben et Kohlmarkt, deux rues où se succèdent les étalages, vous ramènent au «Burg». Mais, à mi-chemin se trouve encore un endroit irrésistible: le **Café-Konditorei Demel**, la meilleure adresse viennoise pour la pâtisserie fine. Les bonbons des artisans viennois fabriqués à la main, sont un symbole qui fond sur la langue. ■

◁ *Un fiacre sur la Stephansplatz*

Que choisir dans le temple des sucreries Demel?

IV Autres curiosités

Ringstrasse

A hauteur du **Mölker Bastei**, le dernier poste avancé de la vieille ville, vous vous trouvez au seuil historique de la nouvelle métropole qui se libéra de ses anciens murs d'enceinte au milieu du siècle passé. A leur emplacement même se déroula, en arc de cercle autour du noyau historique du premier quartier de Vienne, un **boulevard de ceinture** inspiré du modèle parisien. Ce ring viennois dépassa même son modèle en devenant le plus grand projet de construction du 19e siècle. Depuis le parapet du bastion, on aperçoit le quadrilatère massif de la Ringstrasse: d'un côté l'Université et l'Hôtel de ville, aux bâtiments richement décorés, conçus par les architectes les plus célèbres de l'époque, et de l'autre côté les appartements pour locataires exigeants, avec lesquels ces mêmes architectes gagnaient leur argent de poche.

L'inauguration en grande pompe de la rue par François Joseph Ier en 1865 coïncida avec la métamorphose de Vienne en grande ville moderne. Le nouveau **Rathaus** (hôtel de ville) (1872-1883) dans la cour intérieure duquel se donnent régulièrement des concerts d'été, offre, avec sa tour principale pseudo-gothique de près de 100 mètres de haut, une sorte de pendant profane à la «Steffl» (dénomination viennoise familière de la flèche de la cathédrale). C'est ici que se termine chaque année le traditionnel cortège viennois du 1er mai. Bien différentes sont les manifestations qui ont lieu de l'autre côté de la rue. Le **Burgtheater** (théâtre national) est à l'avant-garde de l'art dramatique. Le bâtiment, achevé en 1888, est une création collective de l'architecte viennois Carl von Hasenauer et de son collègue allemand Gottfried Semper, celui-là même qui a aussi construit l'opéra de Dresde. Après la représentation, il convient de faire un détour par le **Café Landtmann**, le plus prestigieux et donc le plus cher des cafés du boulevard, dans lequel les acteurs d'à coté sont depuis plus de 100 ans les enfants de

L'autre 'Burg': le Burgtheater

la maison. Plus vieux que le café et le théâtre: le **Volksgarten**, premier parc public viennois. Si vous vous reposez sur les bancs du Hofgarten, le feuillage des arbres vous dissimulera les bâtiments de la Ringstrasse. Vous n'apercevrez que le toit du Parlement et ses quadriges. La décoration excessive de ses façades et de ses sculptures témoigne du goût de l'époque. Ce style, qui nous apparaît kitsch aujourd'hui, et donne au «Ring» un air de décor d'opérette, est la transposition architecturale de la coqueluche artistique des bourgeois de l'époque: le peintre de salon autrichien Hans Makart.

Le Prater

Le **Leopoldstadt** se trouve entre le canal et le Danube. C'est une île de malheureux. Un ghetto juif. Un lieu de rassemblement de voyageurs. Une gare de triage et de marchandise. Le «Strich». Une halte pour le peuple.

Ici se trouve le **Prater**, parc d'attractions viennois mondialement connu qui déroule ses 5 km^2 le long du canal du Danube. Amusement absolu garanti. La foire perpétuelle du «Wurstlprater» précède les halls de foire et le champ de course, le stade, la piscine et enfin de longs chemins à travers bois et prairies. Le Prater était, à l'origine, le terrain de chasse de l'empereur. Aucun bour-

'Watschmann': plaisir populaire au 'Wurstlprater'

geois ne s'y serait risqué. En 1766, le très populaire Joseph II fit démolir les clôtures et supprimer les interdictions d'accès. Quelques années à peine suffirent pour y voir s'implanter auberges et carrousels. Le **Prater-Museum** répondra à toutes vos questions sur l'histoire du lieu. Les nostalgiques y apprendront par exemple que le «Wurstelmeile» fut toujours un joyeux mélange de couleurs locales et de modernisme importé. Si la cathédrale Saint-Etienne n'avait pas déjà été le symbole de la capitale viennoise, la Grande Roue aurait certainement mérité un tel honneur.

Lorsque l'ingénieur anglais Walter Basset enrichit Vienne de son «moulin de fer», il avait déjà fait ses armes sur des carrousels aériens à Londres, Blackpool et Paris. Mais seul celui du Prater fut rentable.

Karl-Marx Hof

Tout près de la gare **S-Bahn** et de la station de métro «Heiligen Stadt» se dresse le **Karl-Marx Hof** et son kilomètre de façades. Il s'agit d'un des plus célèbres bâtiments de Vienne, dont la construction a nécessité 25 millions de pierres. Avant la guerre, lorsque l'équipe de football «Vienna» jouait encore en première division, les spectateurs devaient franchir l'arc de triomphe de ce temple du travail pour se rendre au stade. Ses tours, couronnées de hampes géantes, étaient visibles même du Danube. Aussi les opposants politiques de droite appelaient-ils ce bâtiment colossal la «citadelle moscovite». Mais lorsque les socialistes voulurent s'y retrancher effectivement pour répondre au putsch des austro-fascistes en 1934, elle ne leur servit pas à grand chose. Les défenseurs de la démocratie qui y avaient trouvé refuge en furent délogés par la violence des bombardements. L'armée délogea de la même manière tous ceux qui s'étaient emparés d'autres bâtiments officiels. Il est actuellement possible de se promener parmi les vestiges de ce temps révolu parsemé de métaphores silencieuses. De hautes tours de fer, des arcades, des balustrades, des balcons anguleux... Un bâtiment soigné jusque dans le moindre de ses recoins utilitaires.

Heurigen

Les vignobles proches de la ville sont des havres de paix pour les citadins stressés. Respirer l'air frais et s'appuyer sur le dossier de sa chaise pour prendre le temps de consommer un quart de litre de vin, puis un autre, est le délassement favori des Viennois. *Mir raubt nix mei Rua, mein goldnen Hamur* est le chant populaire des amateurs de vin. Le cercle des buveurs de vin ne connaît pas de classes. S'y côtoyent un Hans Moser, un *Grantiger,* un employé distingué et une illustre inconnue du faubourg Florisdorf. La musique

Folklore rouge: Fête du 1er mai à Vienne.

vient-elle à manquer? Aussitôt, un quatuor nostalgique de *Schrammelmusik* se prépare: deux violons, une guitare et un accordéon. Par contre, la chanson viennoise sait que: *Am schönsten spüln die Schrammln, wan's anblasn san.* Il y a plus de 10 vignobles dans la région, dont les plus célèbres sont: Nussdorf, Sievering et Grinzing, dans le quartier XIX. ■

Heurigen à Grinzing.

V A ne pas manquer
Architecture, musées et autres curiosités

Nous mentionnerons les adresses selon l'usage autrichien: le chiffre romain qui précède le nom de la rue indique le quartier.

Albertinaplatz
Sur la fontaine Albrecht qui date de 1869, Danubius, le Danube barbu, s'amuse avec la toute belle Vindobona, Vienne. Le **Denkmal gegen Krieg und Faschismus** (1988) est une création du sculpteur et graphiste viennois Alfred Hrdlicka, un enfant terrible du monde des arts. L'**Albertina,** qui se situe à la Augustinerstrasse 1 (tél: 5 34 83) présente une des plus importantes et des plus célèbres collections d'art graphique au monde. Elle est inaccessible au public jusqu'en 1996.

Alte Universität
I., Dr-Ignaz-Seipel-Platz 1.
Le complexe se situe entre la Bäckerstrasse et la Schönlaterngasse et date du 15e siècle. Il a été agrandi en 1623-1627 et en 1827-1829. Il comprend aussi l'église des Jésuites (Jesuitenkirche) du début du 17e siècle (transformée en 1703-1707) et la nouvelle «Aula» (1754-1755). Au n° 20 de la Bäckerstrasse se trouve le plus vieil amphithéâtre de Vienne, une salle aux colonnes toscanes qui abrite, en son étage supérieur, l'ancien théâtre des Jésuites.

Bestattungsmuseum (Musée des rites funéraires)
IV., Goldegasse 19
Tél: 50 19 52 27

Non loin de la Hofgarten: statue de Joseph II sur la Josefsplatz.

Ouvert lu.-ven. 12-15 h. (réserver par téléphone)
«Qui veut vivre doit se préparer à la mort» - S. Freud.

Dorotheum
I., Dorotheergasse 17
Tél: 5 15 60-0
Consultation lu.-ven. 7.30-13 h., ventes publiques lu.-ven. 14 et sam. 10 h., tapis et meubles lu./mer. 14 h., estimations et évaluations lu.-ven. 8-15 h., ventes publiques d'art au Palais de l'Art (Dorotheergasse 11). Le mont-de-piété et les salles de vente, créés par Joseph Ier en 1707, furent reconstruits de 1898 à 1901 à l'endroit où, jusqu'en 1786, se trouvait le couvent Ste-Dorothée.

Ephesos-Museum
I., Neue Burg 1, Heldenplatz
Tél: 93 45 41
Ouvert lu.-jeu. 10-18 h.
Présente des trésors de fouilles menées à Ephèse et à Samothrace. (Musée d'histoire de l'Art)

Fiakermuseum
XVII., Veronikagasse 12
Tél: 43 26 70
Ouvert tous les premiers mercredis du mois 10-13 h.

Freyung
Une des plus belles places de Vienne, dominée par le Schottenstift (couvent des Ecossais). Visitez-y: l'Aula, la chapelle, la bibliothèque, la galerie et la salle des prélats (sam. 14-16 h.). Sur la fontaine qui date de 1846, se trouve une «Austria» imaginaire armée de sa lance et de son bouclier.

Fussballmuseum
II., Meiereistrasse 7 (Praterstadion)
Tél: 7 27 18-0
Ouvert lu./ven. 10-13 h., mar./jeu. 14-18 h., fermé durant les congés scolaires.
Polster, Prohaska, Krankl et autres.

Villa Hermes dans le Lainzer Tiergarten.

Villa Hermes
XIII., Lainzer Tiergarten
Tél: 8 04 13 24
Ouvert avril-oct. mer.-dim. 9-16.30 h.
Expositions dans le parc.

Historisches Museum der Stadt Wien
IV., Karlsplatz
Tél: 5 05 87 47
Ouvert mar.-dim. 9-16.30 h.
Musée historique de la ville.

Hofburg
Le château, situé entre la Ringstrasse et le centre-ville, était le palais royal et impérial jusqu'en 1918. En 1286 apparaît la première mention d'un château fort primitif dont le cœur historique, le Schweizerhof, fut, siècle après siècle, continuellement agrandi: la Stallburg (1558-1568), l'Amelienburg (1575-1611), le Leopoldinischer Trakt (1660-1666), la Reichskanzleitrakt (1723-1730), la Winterreitschule (1729-1735), le Michaelertrakt (1889-1893) et le Neue

Habitations sociales des années 20: le Karl-Marx-Hof.

Burg (1881-1013).
Le palais des souverains héberge actuellement le siège de la Présidence autrichienne, le plus important centre de conférences de la ville, le **Schauräume** historique (Michaelerplatz, tél: 5 87 55 54-515, lu.-sam. 8.30-12 h., 12.30-16 h., dim. 8.30-12.30 h.; visites guidées toutes les heures), la **Spanische Reitschule** ou école d'équitation espagnole ou la Winterreitschule et un grand nombre de musées dont l'**Albertina** et sa précieuse collection d'art graphique, le **Ephesos-Museum**, le Waffen- und Musikinstrumentensammlung, le Hoftafel- und Silberkammer, le Museum für Völkerkunde et enfin le **Weltliche und Geistliche Schatzkammer** (Schweizerhof, tél: 5 33 79 31, ouvert 10-18 h. sauf dim.).

Hundertwasserhaus
III., angle Löwen-/Kegelgasse
Construit entre 1983 et 1985. Le bâtiment est habité, ce qui rend sa visite parfois malaisée.

Jesuitenkirche
I., Dr-Ignaz-Seipel-Platz
Eglise construite en 1623-1627, transformée en 1703-1707 par l'architecte et peintre Andréa Pozzo. Il y apporta 2 nouvelles tours et décora de manière remarquable le dôme de la nef centrale.

Josephinum (Institut d'histoire de la médecine)
IX., Währinger Strasse 25
Tél: 4 03 21 54
Ouvert lu.-ven. 9-15 h.
Cet institut abrite le «Josephinum», une collection unique de statues anatomiques en cire. Vous y trouverez également le **Pathologisch-Anatomisches Museum** dans la «Narrenturm» (tél: 43 86 72).

Jüdisches Museum des Stadt Wien
Palais Eskeles
I., Dorotheergasse 11
Tél: 5 35 04 31
Dim.-ven. 10-18 h., jeu. 10-12 h.
Le musée fut inauguré en 1993; il retrace la longue tradition juive à Vienne.

Karl-Marx-Hof
XIX., Heiligenstädter Str. 82-92
U 4, U 6 jusque Heiligenstadt
«Vaisseau amiral» de la «Vienne Rouge» (1927-1930). Quelque 5.000 habitants passent chaque jour sous ces arches imposantes. La façade principale est ornée de figures en céramique qui symbolisent la liberté, la joie et la santé. On trouve encore d'autres vestiges de cet élan prolétaire à la Margarethengürtel et dans Sandleiten. Des circuits spéciaux s'intéressent plus particulièrement à cet aspect de la ville. Ils partent de l'Hôtel de Ville. Renseignez-vous aux offices du tourisme (voir aussi chapitre «Détails pratiques - Tours de ville»).

Karlsplatz
La place et le parc ont fait leur apparition lorque la rivière a été voûtée il y a environ 100 ans. Depuis 1529 il était interdit de bâtir sur ce territoire situé derrière le champ de tir

(Glacis). La Karlskuppelkirche (église Saint-Charles Borromée), construite de 1717 à 1737, domine les environs. L'agrandissement en 1978 de la U-Bahn intégra le Stadtbahnpavillon (Pavillon des Chemins de fer) conçu et décoré par Otto Wagner. Sur le côté est de la place se trouve le **Historische Museum.**

Kunsthalle Wien
IV., Karlsplatz, Teitlstr. 2
Tél: 5 86 97 76
Ouvert 10-18 h., ven. jusque 20 h.
Espace artistique expérimental.

KunstHaus Wien
III., Untere Weissgerberstr. 13
Tél: 7 12 04 91
Ouvert 10-19 h.
Musée particulier de Hundertwasser où se tiennent d'excellentes expositions. Cette maison particulière ne peut être admirée que de l'extérieur.

Kunsthistorisches Museum
I., Maria-Theresien-Platz (entrée)
Tél: 52 17 70
Galerie de peintures, galerie d'art. Ouvert mar.-dim. 10-18 h., jeu. jusque 21 h.
Ce bâtiment jumelé au Naturhistorisches Museum présente du «grand art». Le duo d'architectes Semper/von Hasenauer l'a conçu comme partie intégrante du «Kaiserforum», resté inachevé. L'entresol abrite la collection d'art égyptien et d'art antique dans l'aile ouest, et celle des arts plastiques dans l'aile est. Les 15 salles et les 24 cabinets du 1er étage présentent les peintures des maîtres italiens, espagnols et français dans l'aile ouest, et des maîtres flamands, hollandais, allemands et anglais dans l'aile est. Le musée possède la plus grande collection d'œuvres de Bruegel au monde.

Kurpark Oberlaa
X., Oberlaaer Berg
Tél: 68 11 70
Ouvert de mai-oct. mer.-ven. 10-14.30 h., 1er et 3ème sam. 13-17 h., 1er et 3ème dim. 10-17 h.

Les palais du peuple: escalier en colimaçon dans un immeuble collectif.

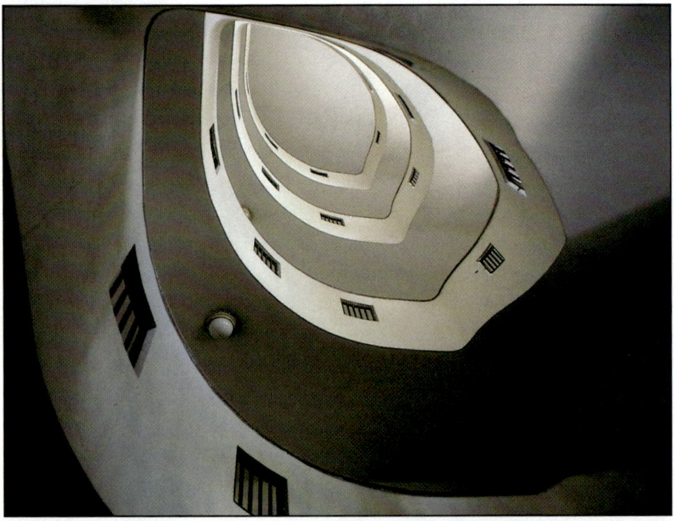

Cet ancien lieu d'exposition horticole comprend des thermes, des bains et un musée d'horticulture.

Loos-Haus
I., Michaelerplatz
Le bâtiment qui sert actuellement de banque est considéré comme l'œuvre majeure de l'architecte viennois Adolf Loos, avant-gardiste du fonctionnalisme.

Modesammlung
XII., Hetzendorfer Str. 79
Tél: 8 02 16 57
Ouvert mar.-dim. 9-12.15 h., 13-16.30 h.
Tout le chic vestimentaire viennois rassemblé dans une salle.

Mozart-Erinnerungsraüme
I., Domgasse 5 (Figarohaus)
Tél: 5 13 62 94
Ouvert excepté lun. 9-12.15 h., 13-16.30 h.

Museum für angewandte Kunst
(Musée des arts appliqués)
I., Stubenring 5
Tél: 7 11 36-0
Ouvert mar.-dim. 10-18 h., jeu. 10-21 h.
Temple du design K.u.k.: un des plus anciens musées de son espèce qui présente à nouveau ses trésors après restauration.

Museum moderner Kunst
IX., Fürstengasse 1
Tél: 3 19 69 00
Ouvert lun.-mer. 10-18 h.
Les collections d'art moderne contrastent avec le décor: l'un des plus beaux palais baroques de la ville. Elles déménageront au début du siècle prochain vers le Messepalast. Echange de pièces de collection avec le **Museum des 20 Jh.** (III., Schweitzer-Garten/Südbahnhof, tél: 78 25 50, ouvert mar.-dim. 10-18 h.).

Mozart au Burggarten: statue en marbre de V. Tilgner (1896)

Museum für Völkerkunde
I., Neue Burg, Heldenplatz
Tél: 5 21 77-0
Ouvert mer.-lun. 10-16 h.
Art africain, aztèque et des mers du Sud; expositions temporaires.

Naturhistorisches Museum
I., Maria-Theresien-Platz
Tél: 5 21 77 00
Ouvert mer.-lun. 9-18 h.
Sections minéralogie, pétrographie, géologie, paléontologie, préhistoire, anthropologie, botanique et zoologie. Formules spéciales pour enfants lors d'expositions particulièrement intéressantes, p.ex. les «3 heures des dinosaures».

Osterreichische Galerie des 19. u. 20. Jh
III., Prinz-Eugen-Strasse 27 (Belvédère)
Tél: 78 41 58-0
Ouvert mar.-dim. 10-16 h.
Peintres autrichiens des 19e et 20e siècles: Markart, Schiele, Klimt et autres.

Architecture à Vienne

*Bâtiment original du Jugendstil viennois (1898): **le Sécession** avec cette coupole que les Viennois appellent «Krauthappel» (en haut à gauche).*

*La **Ankeruhr** du Hoher Markt (Franz Matsch); 12 figurines historiques indiquent les heures (en haut à droite).*

*La **bijouterie** de la Kohlmarkt (n° 7): Holleinscher post-moderne (au milieu à gauche).*

*La **Loos-Haus** d'Adolf Loos (1910), fidèle à sa devise: «L'ornement est un crime». Immeuble d'habitations et de commerces à la Michaelerplatz. Ce qui était scandaleux à l'époque est aujourd'hui valorisé (bas de la page de gauche).*

*Retour à la belle époque: la Linke **Wienzeile** et ses belles façades Jugendstil dessinées par Otto Wagner (en bas à droite).*

0 15 30 45 60

Le Palais préféré de Marie-Thérèse, le château de Schönbrunn.

Pasqualitahaus
Mölker Nastei
Tél: 5 35 89 05
Ouvert mar.-dim. 10-12.15 h., 13-16.30 h.
Ancienne maison de Beethoven transformée en mémorial. On y trouve l'Adalbert-Stifter-Museum.

Prater
II., Leopoldstadt
U 1 jusque Wien-Nord/Praterstern
La plus grande partie du Prater est un parc d'attractions (promenade conseillée vers le restaurant de la Lusthaus). La «Riesenrad» (Grande Roue) compte 120 rayons et développe un diamètre de 61 mètres. Le «Wurstlprater» offre en outre de nombreux «Beisln», cafés avec ou sans musique. Le petit train (Lilliputbahn) longe la Hauptallee de 10 à 19 heures. On y trouvera encore une piste de course de trot (le Krienau), un champ de course (le Freudenau), un hall de foire et des installations sportives.

Prater-Museum
II., Hauptallee (dans le planétarium, près de la Grande Roue)
Tél: 24 94 32-77
Ouvert mar.-ven. 9-12.15 h., 13-16.30 h., sam./dim./jours fériés 14.30-18.30 h.
Souvenirs du «Wurstlprater» d'avant-guerre.

Schloss Schönbrunn
XIII., Schönbrunner Schlossstr. 13
U 4 jusqu'à Bhf-Schönbrunn
Tél: 8 11 13-238
Ouvert avril-oct. 8.30-17.30 h., nov.-mars 8.30-16 h.
Le parc est ouvert de 6 heures au crépuscule.
Vous pourrez errer dans le château et ses 42 cabinets, salles et suites. Arrêtez-vous dans la chambre de François Joseph et Elisabeth et dans le Chinesisches Rundkabinett ou cabinet-rotonde chinois, surnom-

mé aussi «Konspirationstafelstub», la salle à manger secrète de Marie-Thérèse. C'est ici que s'est réuni le Congrès de Vienne et que se sont rencontrés Khrouchtchev et J.F. Kennedy. Pour terminer la promenade, traversez la foule des statues de nymphes, bergers et dianes. Dans la Wagenburg (dans l'aile ouest), sont exposées d'extraordinaires collections de fiacres, voitures et carrosses (mar.-dim. 10-16 h., avril-oct. jusque 17 h., mai-sept. jusque 18 h.).

Secession
I., Friedrichstrasse 12
Tél: 5 87 53 07
Ouvert mar.-ven. 10-18 h., sam./dim./jours fériés 10-16 h.
Temple du Jugendstil (jeunes artistes du début du siècle).

Sexmuseum
Strasse-des-1.Mai 51 a (Prater)
Tél: 2 38 09 35
Ouvert 12-23 h.
Thème piquant.

Sigmund-Freud-Museum
IX., Berggasse 19
Tél: 3 19 15 96
Ouvert 9-15 h.
Pour les adeptes de la psychanalyse.

Spanische Reitschule (Ecole d'équitation espagnole)
I., Josefsplatz 1
Tél: 5 33 90 31-0
Les meilleurs chevaux du haras Lipizza sont entraînés à Vienne depuis le début du 18e siècle. Ils donnent des représentations dans le Winterreitschule , une salle d'entraînement ouverte en 1735, 60 fois par an pendant une heure et demie et 20 fois pendant une demi-heure selon un programme court. Veillez à réserver assez tôt, car il s'agit d'un des spectacles les plus populaires de Vienne. Il est également possible

Ballet équestre en habits de cérémonie, démonstration de Lipizzans.

d'assister aux leçons de dressage qui ont lieu le matin.

St. Marxer Friedhof
III., Leberstrasse 6-8
Doit son nom à saint Marc. Ce cimetière est un juste compromis entre un parc et un champ sacré. W.A. Mozart y est enterré dans la fosse commune.

Stadtpark
I., Parkring
Un paysage de style anglais, dessiné d'après une esquisse du peintre paysagiste Josef Selleny. Les faisans s'avancent d'un pas digne dans les parterres de fleurs qui s'étalent devant le Kursalon. Le Stadtbahn qui traverse le parc a été conçu par Otto Wagner dans le Jugendstil (1895-1906).

Stephansdom (cathédrale Saint-Etienne)
I., Stephansplatz
Tél: 5 15 52-536
Ouverte tous les jours 9-18 h. Accès gratuit.
lu.-sam., visites à 10.30/15 h., dim. et jours de fête seulement 15 h., juin-sept. sam. 19 h., jui./août aussi dim. 19 h.
Ascension des tours: «Steffl» (escalier) ouvert 8.30-12.30 et 14-17 h. A l'origine, église paroissiale créée par l'évêque de Passau au 12e siècle. Le Stephansdom a été élevé au rang de cathédrale en 1723. C'est un exemple de style gothique remarquable. La première phase de construction romane (1137-1160) n'est plus visible aujourd'hui. De la deuxième phase d'influence romane tardive (1230-1263), il reste les «Heidentürme» et la façade ouest. La transformation destinée à donner à la cathédrale l'allure gothique fut effectuée de 1304 à 1523. L'intérieur de l'édifice témoigne de l'influence architecturale des 17e (le maître-autel et la loge du maire) et 18e siècles (l'autel de Catherine, de Joseph et de Sébastien).
L'accès vers les catacombes se trouve dans la tour nord.
Ouvertes 10 / 11 / 11.30 / 14 / 14.30/ 16 / 16.30 h.

Wiener Strassenbahnmuseum
(Musée des tramways viennois)
Installé dans le dépôt Erdberg de la société de transports viennois.
III., Erdbergstrasse 109
Tél: 7 12 12 01-0
Ouvert mai-oct. sam.-dim. 9-16 h.
La compagnie organise des excursions dans différentes voitures d'époque, à partir de la Karlsplatz: mai-oct. 13.30 h. (mer./jeu. 10 h. et 13 h.)

Synagoge
I., Seitenstettengasse 4
Construite de 1824 à 1826. C'est la plus vieille et la plus grande synagogue de Vienne, dont le hall en forme d'ellipse est voûté d'un ciel bleu persan.

Theatermuseum
I., Lobkowitzplatz 2
Tél: 5 12 88 00-0
Ouvert Mar.-Dim. 10-17 h. (réservation exigée)
1.000 décors de scène, 600 costumes, 700.000 photos d'archives. Un paradis pour les acteurs de théâtre. Un conseil: le théâtre enfantin.

Tramwaymuseum
XVI., Maroltingergasse 53/Bahnhof Ottakring
Tél: 57 31 86
Mi-mai-sept. dim. 10-12 h.
Dépôt d'où partent les trams.

Uhrenmuseum (Musée d'horlogerie)
I., Schulhof 2
Tél: 5 33 22 65
Ouvert mar.-im. 9-12.15 h., 13-16.30 h.

Volksgarten
I., Dr-Karl-Lueger-Ring
Le parc, entouré de hautes grilles en fer, date de 1819. Ce fut le premier parc public de Vienne. Dans le «Meierei», le café restaurant Volksgarten, on peut non seulement consommer du café et de la pâtisserie mais aussi danser le soir.

Werkbundsiedlung
XIII., Veltingergasse/Jagdschlossgasse
Des classiques modernes: le pendant viennois de la Weissenhofsiedlung de Stuttgart.

Wiener Kriminalmuseum (Musée viennois du crime)
II., Grosse Sperlgasse 24
Tél: 2 14 46 78
Ouvert mar.-dim. 10-17 h., fermé les jours fériés.
Nostalgie du crime et du meurtre.

Zirkus- und Clownmuseum
II., Karmelitergasse 9
Tél: 2 11 06-127
Ouvert mer. 17.30-19 h., sam. 14.30-17 h., dim. 10-12 h.
Divertissement dans un musée de quartier illustrant le cirque.

Zoologischer Garten
XIII., Schlosspark Schönbrunn
Tél: 8 77 92 94-0
Ouvert de 9 h. au crépuscule.
Ce jardin zoologique rococo unique en son genre a été aménagé en safari moderne.

Rêve de valse: statue de Strauss dans le Stadtpark

VI Vienne pratique

Départ et arrivée

L'aéroport de Vienne se trouve près de Schwechat, à environ 20 km du centre de la ville. Des autobus font régulièrement la navette vers les gares du sud et de l'ouest et vers la Bahn- et S-Bahn-station «Wien Mitte» (City-Air-Terminal), qui d'ailleurs ne se trouve pas au centre de Vienne, mais derrière le Stadtpark. Le trajet dure à peu près 20 minutes et coûte environ 60 schillings. Il y a un départ de l'aéroport toutes les demi-heures. Les touristes qui voyagent en train arrivent dans une des trois gares terminales viennoises: les trains en provenance d'Allemagne arrivent dans la **Westbahnhof,** que le U 3 relie à la ville. Il est aussi possible de rejoindre le centre en descendant à Hütteldorf et en prenant le U 4 (Karlsplatz).

Les voyageurs qui préfèrent la voiture arrivent généralement de Linz par la A 1 via «Knoten Steinhäusl». A l'entrée de la ville, il y a un poste d'information touristique. Se garer dans le centre-ville est à peu près impossible. Il n'y a pas de parcmètres mais des zones de parking à durée limitée (30-60 ou 90 minutes maximum). Les tickets de parking sont en vente dans les kiosques, dans les «Trafiken» et dans les stations d'essence. De plus, il y a aussi plusieurs parkings.

La vitesse de circulation est limitée à 50 km/heure dans les agglomérations, à 100 km/heure sur les routes normales et à 130 km/heures sur les autoroutes.

Information

Offices du tourisme

Belgique
Office National Autrichien du Tourisme
Avenue Louise 106, 3e étage, 1050 Bruxelles.
Tél: 02 646 06 10, fax: 02 640 46 93

France
Office National Autrichien du Tourisme
Avenue de l'Opéra 47, 75002 Paris
Tél: 1 47 42 78 57

Autriche
Wiener Fremdenverkehrsverband (Association Viennoise pour le Tourisme)
Obere Augartenstr. 40, A-1025 Wien.
Tél: (0043)1 2 11 14 0, fax: (0043)1 2 16 84 92

Tourist-Information-City
I., Kärntner Str. 38 (Passage souterrain de l'Opéra)
Tél: 43 16 08
Ouvert 9-19 h.

L'Association Viennoise pour le Tourisme vous fournira des renseignements dans tous les domaines, comme la location de chambre, les visites guidées, les informations sur la ville, les événements. Le «Wien-Programm» est un mensuel gratuit qui vous donne, outre l'agenda, les adresses des musées et des galeries ainsi que les dates des autres événements. Il existe également d'autres bureaux d'information touristique, notamment à l'aéroport Schwechat (Hall d'arrivée, ouvert 8.30-22 h.) et dans les Süd- et Westbahnhof (Hall d'entrée, ouvert 6.30-22 h.).
La **Stadt-Information** de l'hôtel de ville (tél: 4 03 89 89) donne des informations concernant la ville.
L'Osterreich-Urlaubsinformation renseigne sur les Alpes (tél: 5 87 20 00).

Numéros de téléphone importants

Pompiers tél: 1 22

Police tél: 1 33

Ambulance/EHBO tél: 1 44

Urgences tél: 1 41

Le Graben

Urgences socio-psychiatriques tél: 3 10 87 79

Urgences sociales tél: 5 33 77 77 (Ouvert 8-20 h.)

Informations téléphoniques tél: 16 11 (trafic intérieur) et 08 (étranger)

Renseignements tél: 09

Télégrammes tél: 1 90

Informations touristiques tél: 2 11 14-0

Objets perdus tél: 3 13 44-92 11/92 17

Assistance automobile (OAMTC) tél: 1 20 - (ARBO) tél: 1 23

Informations communales tél: 4 03 89 89

Taxi tél: 3 13 00/4 01 00/6 01 60/8 14 00

Prévisions météorologiques tél: 15 66

Trafic ferroviaire tél: 17 17
Aéroport tél: 7 11 10-10 22 31

Service des autobus tél: 7 11 01

Circulation fluviale tél: 15 37 (répondeur)

Burgtheater, Akademietheater, Staats-oper (Opéra) et Volksoper (théâtre d'opérettes)
Renseignements tél: 5 14 44-29 59/29 60

Vente de cartes téléphoniques (cartes de crédit)
Tél: 5 13 15 13

Vienna Ticket Service
Tél: 5 87 98 43, fax: 5 89 98 44

Ambassades

Ambassade de Belgique
Parkring 12, A-1010 Wien
Tél: 52 01 88

Ambassade de France
Technikerstrasse, A-1040 Wien
Tél: 5 05 47 47

Shopping

Les rues commerçantes les plus importantes du centre de la ville se situent dans sa partie sud-est. Il s'agit de Graben, Kärntner Strasse et Kohlmarkt, qui ne sont pas des rues spécialisées mais offrent un grand nombre de commerces.
Les grandes surfaces se trouvent dans la Mariahilferstrasse. Les antiquaires se sont installés autour de la Dorotheergasse, tout près des salles de vente et du mont-de-piété. Vous trouverez, dans la Kärntner Strasse, des manteaux et dans la Judengasse la mode jeans pour jeunes.
Chaque visiteur de Vienne se doit aussi de passer au Naschmarkt sur la Linke et la Rechte Wienzeile, entre le Höhe Getreidemarkt et le Kettenbrückengasse (ouvert du lundi au vendredi toute la journée et le samedi matin).

Antiquariat Hassfurther
I., Hohenstaufengasse 7
Tél: 5 33 41 74
Spécialisé en art et histoire d'Autriche.

Augarten
I., Stock-im-Eisen-Platz 3-4
Tél: 5 12 14 94
La plus ancienne manufacture nationale de porcelaine d'Europe produit toujours des porcelaines rococo décorées à la main.
Dans le quartier II du Schloss Augarten ont encore lieu des ventes d'usine.

Buchhandlung Prachner
I., Kärntner Strasse 30
Tél: 51 22 85 49
Les meilleures collections de livres sur l'architecture à Vienne.

Karteninsel
VI., Naschmarkt 333
Tél: 58 7 73 16
Un assortiment gigantesque de cartes postales noir et blanc.

Meinl-Delikatessen
I., Am Graben 19
Tél: 5 33 45 86
Salle de dégustation de café et de produits d'alimentation avec offres spéciales.

Art autrichien: galerie Krinzinger

Musikgeschäft Dobling
I., Dorotheergasse 10
Tél: 5 15 03-0
Ancien fournisseur de la cour offrants un grand choix de partitions, de littérature musicale et de CD, qui peuvent être écoutés en cabines.

Phoenix Krawattenfabrik
I., Habsburgergasse 2, 1er étage
lu.-jeu. 8-16 h., ven. 8-13 h.
Grand choix de châles et de cravates de style ancien à des prix abordables. Attention, le premier étage est, dans ce cas, le troisième.

Hemdenmacher Karl Werle
XVI., Rosa-Luxembourg-Str. 1
Tél: 4 51 08 02
Vous pouvez ici, pour une somme modique, vous faire faire une chemise et choisir entre 50 modèles de cols différents.

Schmuckgalerie V & V
VII., Lindengasse 5
Tél: 93 12 07
Ici, vous trouverez les vêtements et les accessoires les plus fous.

Trzesniewski
I., Dorotheergasse 1
Tél: 5 12 32 91
Snack-bar bohémien avec appétissants sandwiches.

Zauberklingel
I., Führichgasse 4
Commerce spécialisé en farces et attrapes: un monde de rêve pour tous.

Dorotheum
I. Dorotheergasse 17
Ouvert lu.-ven. 8-18 h. et sam. 8.30-12 h.
La salle de vente et le mont-de-piété furent construits en 1707 par Joseph Ier et furent reconstruits entre 1898 et 1901 à l'endroit où se trouvait jusqu'en 1786 le couvent Sainte-Dorothée. Il compte 15 succursales.

Jours de fête et événements

Janvier: Concerts de Nouvel An
Février: Semaines de danse d'hiver (tél: 93 55 58), haute saison de bals dont le calendrier est disponible à partir d'octobre (tél: 40 00 84 00)
Mars: Les journées de Haydn
Avril: La fête du printemps (concerts)
Mai: *Les Wiener Festwochen* (mai-juin), renseignements tél: 58 61 67 60
Juin: La *Donauinselfest* (fête géante en plein air à la fin du mois), renseignements tél: 63 27 31/237
Juillet: Fête du Jazz, semaines internationales de danse d'été (juillet-août) avec ateliers pour tous, *Klangbogen, Wiener Musik-Sommer* (juillet-août, de la musique baroque à la musique moderne), Festival du film d'opéra (juillet-août sur la Rathausplatz)
Août/Septembre: Fête vocale populaire au Prater (fin août/début septembre)
Octobre: Festival du film *Viennale,* Festival de la Jeunesse (musique du 20e siècle), tél: 75 32 84
Novembre: *Wien Modern* (festival de musique contemporaine), tél: 7 12 46 86, Foire des arts et des antiquités (Hofburg), *Adventszauber* (mi-novembre/24 décembre), *Christkindlmärkte* (Marché de Noël) devant la maison communale, musique de Noël dans les églises et les salles de concert.
Décembre: Festival Mozart, Réveillon dans la vieille ville , 31.12: Bal de l'Empereur à la Hofburg.

Des dizaines de bals sont organisés pendant le Carême. Le programme détaillé et actualisé de tous les événements culturels est disponible auprès du Wiener Fremdenverkehrsamt (voir Informations).

Galeries/Monnaie/Renseignements pour personnes handicapées/Climat/Vie nocturne

Galeries

Galerie Ariadne
A., Bäckerstr. 6
Tél: 5 12 94 79
Art nouveau.

Galerie Hilger
I., Dorotheergasse 5
Tél: 5 12 53 15
Art engagé.

Galerie Insam
I., Köllnerhofgasse 6
Tél: 5 12 53 30
Performance.

Galerie Krinzinger
I., Seilerstätte 16
Tél: 5 13 30 06
Avant-garde autrichienne.

Galerie à côté de la cathédrale
I., Grünangerstrasse 1
Tél: 5 12 12 66
Avant-garde.

Monnaie

Un **schilling autrichien** (öS) est divisé en 100 gröschen. Un schilling vaut environ 3 FEB et 0,5 FF.

Les banques sont ouvertes: lu./mer./ven. 8-15 h., jeu. 8-17.30 h. Les guichets ferment souvent le midi de 12.30-13.30 h.

Bureaux de change près de la Südbahnhof: ouverts mai-oct. 6.30-22 h., nov.-avr. jusque 21 h., et dans la Westbahnhof: ouverts 7-22 h., à l'aéroport de Schwechat (Arrivée 8.30-23.30, départ lu.-ven. 8-18 h.).

Renseignements pour personnes handicapées

Vienne compte 49 hôtels et 133 pensions adaptées pour l'accueil des personnes en chaise roulante de même que l'aéroport Schwechat, la plupart des gares, les points de jonction de la U-Bahn, les théâtres, les salles de concerts et les curiosités. Des plans et guides pour personnes handicapées sont disponibles au Wiener Fremdenverkehrsverband, Obere Augartenstr. 40, A-1025 Wien, tél: (0043)-1-2 11 14-0

Climat

En hiver, il peut faire très froid à Vienne. Les étés, par contre, sont doux. En fin de compte, le soleil brille presque 2.000 heures par an.

Par contre, on compte en moyenne 40 jours de pluie. La Wienerwald (forêt viennoise) toute proche fournit de l'air et de la fraîcheur et dissipe également très vite les atmosphères étouffantes.

Vie nocturne

Discos:

Atrium
IV., Schwindgasse 1
Tél: 5 05 35 94
jeu.-dim. 20.30-2 h., ven./sam. jusque 4 h.
Succès des années 60 et 70.

Move
XIII., Daungasse 1
Tél: 43 32 78
Ouvert 21-4 h., ven./sam. jusque 5 h.
On danse dans les caves.

Kra-Kra
I., Rabensteig
Tél: 63 81 93
Ouvert 7-2 h.

P 1
I., Rotgasse 9
Tél: 5 35 99 95
dim.-jeu. 21-4 h., ven./sam. 21-6 h.
Disco avec 5 bars et musique la plus récente.

U 4
XII., Schönbrunner Str. 222
Tél: 85 83 18
lu./mar. 23-4 h., mer.-dim. 23-5 h.
La discothèque la plus grande et la plus appréciée où se produisent des groupes internationaux.

PS
I., Volksgarten
Tél: 5 33 05 18-0
Ouvert 20-2 h. ou plus tard.
Le week-end, le plaisir n'y prend fin lorsque les derniers danseurs ont quitté la piste.

Jazzclubs:

Jazzclub Sixth
VI., Gumpendorferstrass 9
Tél: 56 87 10
dim.-jeu. 21-2 h., ven./sam. jusque 4 h.
Jazz et live.

Jazzland
I., Franz-Josefs-Kai 29
Tél: 5 33 25 75
mar.-sam. 19-2 h.
Près de 20 années d'expérience, groupes internationaux et grande variété de styles.

Tunnel
VIII., Floriangasse 39
Tél: 42 34 65
Ouvert 9-2 h.
Programme original.

Concerts rock et pop:

Arena
III., Baumgasse 80
Tél: 78 33 39
Centre culturel situé en dehors du centre, groupes inconnus mais intéressants.

Stadthalle
XV., Vogelweidplatz 14
Tél: 06 60/66 61
Podium pour représentations grandioses.

Poste

Les bureaux de poste de chaque quartier sont ouverts du lundi au vendredi 8-12, 14-18 h. Le bureau de poste principal dans le centre de la ville (Barbaragasse 2) et ceux des grandes gares (Süd-, West-,Franz-Josefs-Bhf) sont ouverts non-stop. Les envois nominatifs adressés poste restante à A-1011 doivent comporter la mention «Hauptpostlagernd» et ne peuvent être retirés que sur présentation d'une pièce d'identité. Les lettres vers la Belgique et la France doivent être affranchies à 7 öS.

Presse

Les Viennois sont de grands lecteurs. Ils disposent d'innombrables périodiques et d'une demi-douzaine de quotidiens. Au petit déjeuner, vous pourrez lire des journaux populaires comme l'*Arbeiterzeitung* (AZ), le *Kronen Zeitung* ou le *Kurier.*

Toutefois, vous trouverez une information plus sérieuse dans le célèbre *Salzburger Nachrichten,* dans le quotidien économique *Standart* ou le conservateur *Presse.*

Les journaux municipaux: *Basta, Falter.*

Restaurants

Quelques milliers de gastronomes pourront flatter leur palais avec l'ancestral art culinaire viennois, la «Neue Wiener Küche» ou les spécialités exotiques. Les restaurants où la réservation est indispensable sont suivis d'un R. Mais partout, malgré l'offre abondante, un coup de téléphone est préférable. Nous avons classé pour vous quelques restaurants en 4 catégories selon les prix des hors d'œuvre et des plats qu'ils proposent au menu du soir. Nos suggestions ne tiennent comp-

La cour couverte du «König von Ungarn»

te ni des hôtels de luxe et de première classe, ni des Beisln, ou petits cafés restaurants viennois.
Catégorie «économique»: jusque 200 öS
Catégorie «prix modéré»: jusque 350 öS
Catégorie «prix élevé»: jusque 550 öS
Catégorie «de luxe»: sans limite

Catégorie «économique»

Figlmüller
I., Wollzeile 5
Tél: 5 12 61 77
lun.-sam. 11-22 h.
Le paradis des Schnitzel les plus grandes du monde, dans une toute petite maison où les touristes pourront déguster un vin des vignobles du propriétaire. On n'y sert ni café ni bière.

Zur Goldenen Glocke
V., Schönbrunner Str. 8
Tél: 5 87 57 67
lun.-sam. 11.30-14.30, 17.30-24 h.
«Schubert-Gedenkstüberl» (en face de la maison où Franz Schubert est décédé), avec cuisine bourgeoise, public mêlé et peinture murale dans le beau jardin.

Jelinek
I., Franz-Josefs-Kai/Maria-Theresien-Strasse
Tél:31 61 36
lun.-ven. 6.30-20 h.
Café-restaurant spécialisé en plats viennois et bohémiens. Carte riche de fantaisies. Spécialité de petits pains.

Witwe Bolte
VII., Gutenberggasse 13
Tél: 93 14 50
Ouvert 11-24 h.
Cuisine bourgeoise. *«Durch diese Thür in Bogen is Kaiser Josef II geflogen»*, dit la légende rapportée sur le plafond voûté du n° 13 de la Gutenberggasse. En effet, il y a 200 ans se trouvait là une célèbre brasserie dirigée par le fameux «Sonnenfels-Waberl», qui aurait rude-

ment indiqué la porte à l'empereur.

Pfudl
I., Bäckerstr. 22
Tél: 52 67 05, cuisine chaude continue
lun.-ven. 9-24, sam. 9-15 h.
Ici, d'honnêtes plats préparés selon des recettes de grand-mère et servis sur de simples tables donnent à l'établissement un cachet particulier dans un environnement où foisonnent de nombreux concurrents. Vin de qualité produit dans la maison.

Dom-Beisl
I., Schulerstr. 4
Tél: 5 12 91 81
lun.-jeu. 8-19, ven. jusque 17 h.

Schweizerhaus
II., Prater 116
Tél: 2 18 01 52
De mars à octobre, ouvert 10-24 h. Très apprécié pour sa viande rôtie et grillée et sa carpe préparée à la façon vieille Bohême. Vous y mangerez assis au jardin pendant que vos enfants batifoleront à la plaine de jeux.

Catégorie «prix modéré»

Eckel
XIX., Sieveringer Str. 46
Tél: 33 32 18
mar.-sam. 11.30-14.30, 18-22 h.30
Café-restaurant dans le quartier des Heurigen, avec jardin agréable et cuisine traditionnelle raffinée. Spécialité de crustacés et coquillages frais.

Hedrich
I., Stubenring 2
Tél: 5 12 95 88
lun.-jeu. 9-21, cuisine chaude dès 11.30 h. R
Dans ce snack-bar, le cuisinier prépare les poissons les plus délicieux.

Zum Herkner
XVII., Dornbacher Str. 123
Tél: 45 43 86
lun.-ven. 9-22, cuisine 12-14, 18-21.30 h. R
Un des plus beaux cafés-restaurants de Vienne. En matière de cuisine traditionnelle, il est difficile de trouver mieux.

Hummerbar
I., Mahlerstr. 9
Tél: 51 88 43
lun.- sam. 18-1 h., Eurocard/Visa
Pour le restaurant de poisson le plus renommé de Vienne, rendez-vous au premier étage. Au rez-de-chaussée, on vend des friandises turques et internationales.

König von Ungarn
I., Schulerstr. 10
Tél: 5 12 53 19
dim.-ven. 18-24 h.
Réputé pour ses fines entrées froides et sa bonne pâtisserie viennoise. Ambiance garantie dans ce cadre historique restauré avec goût.

Das Restaurant
IV., Argentinierstr. 26
Tél: 5 86 98 64
lun.-jeu., sam. 11-15, 19-24 h.
L'ambiance yuppie détonne par rapport à la cuisine raffinée.

Zur Steirischen Botschaft
III., Strohgasse 11
Tél: 712 33 67
Ouvert 11.30-22.30 h., cuisine chaude continue
Spécialité à base de produits de Styrie. En été, on mange au jardin.

Catégorie «prix élevé»

Altwiener Hof
XV., Herklotzgasse 6
Tél: 83 71 45
lun.-ven. 12-14, 18-23; sam. 18-23 h. Le plus célèbre coin des gourmets de la ville, renommé pour l'excellence de sa cuisine d'Europe centrale. On peut aussi y manger dans le jardin d'hiver.

Restaurants

Belvedere-Stöckl
III., Prinz-Eugen-Str. 25
Tél: 78 41 98
Ouvert 12-15, 18-24 h., cuisine chaude continue
Cuisine viennoise et internationale de première classe. Il est agréable, lorsque le soleil brille, de s'installer dans le merveilleux jardin aux arbres centenaires.

Landhaus Winter
XI., Albener Hafenstr. 262
Tél: 76 23 17
Ouvert 12-15, 18-23.30, dim./ven. /lun. 12-16 h.
Poésie de poissons servie sur la terrasse face au Danube, dans une ambiance romantique.

Steinerne Eule
VII., Halbgasse 30
Tél: 93 22 50
mar.-sam. 12-15, 18-1 h.
Au menu du jour, une nourriture légère façon nouvelle cuisine viennoise.

Catégorie «de luxe»

Niky's Kuchlmasterei
III., Obere Weissgerberstr. 6
Tél: 7 12 90 00
lun.-sam. 11.30-24 h., cuisine chaude continue R
Un temple de la nouvelle cuisine viennoise, émancipée suivant l'exemple français, où l'on veut prouver qu'à Vienne on n'a jamais aussi bien cuisiné qu'aujourd'hui.

Schwarzenbergbar
III., Schwarzenbergplatz
Tél: 78 45 15
Ouvert 11-2 h.
Etablissement rénové au début des années 80 et repris dans le guide officiel d'architecture municipale. Le jardin a vue sur le parc du château. Cuisine traditionnelle et française.

Steirereck
III., Rasumofskygasse 2
Tél: 7 13 31 68
lun.-jeu. 12-14, 19-24 h.
Nouvelle cuisine à base de produits des Alpes très appréciée des PDG, des artistes de théâtre et des reporters de renom.

Zum Kuckuck
I., Himmelpfortgasse 15
Tél: 5 12 84 70
lun.-ven. 12-15, 18-24 h.

Café Landtmann, «coulisses» du théâtre

Nouvelle cuisine au charme alpin au «Steirereck»

Par tradition, c'est la salle à manger des éminents gastronomes viennois.

Zur Majestät
I., Kärntner Ring 16
Tél: 5 01 10/3 56
lun.-ven. 12-15, 19-23, sam. 19-23 h.
Comme son nom l'indique, une cuisine viennoise de très haut niveau.

Cafés

L'annuaire téléphonique de Vienne mentionne 274 cafés, de l'«Alt Ottakring» au «Zartl». Autant d'adresses où vous aurez la possibilité, au long de vos promenades dans la ville, de profiter d'une musique légère et d'engranger les plus beaux souvenirs de votre séjour à Vienne. Des moments empreints de tradition, avec en toile de fond le bruit, le pas traînant des serveurs et le cliquetis des petites cuillères dans les tasses. Le décor est planté: prenez place.

Café Braunerhof
I., Stallburggasse 2
Tél: 5 12 38 93
lun.-ven. 7.30-19.30, sam. 7.30-18, dim. 10-18 h.
Café-concert littéraire dont l'ambiance est agréable et qui vous offre un grand choix de journaux étrangers.

Café Central
I., dans le Palais Ferstel, Herrengasse/Strauchgasse
Tél: 5 33 37 63/26
lun.-sam. 8-22 h.
Rendu célèbre par la télévision et redécoré pour retrouver son ancien rôle de café littéraire.

Café Diglas
I., Wollzeile 10
Tél: 5 12 84 01
lun.- sam. 7-23.30, dim. 10-23 h. 30.
Café-restaurant sérieux qui offre de la bière au tonneau et une grande vitrine de pâtisserie.

Café Demel
I., Kohlmarkt 14
Tél: 5 35 17 17
Ouvert 10-18 h.
Pâtissier de la cour (K.u.k.)

Café Dommayer
XIII., Auhofstr. 2

Un «Verlängerter»: la saveur du café.

Tél: 8 77 54 65
Le plus vieux café-concert de Vienne avec un orchestre de chambre féminin et un grand jardin.

Café Eiles
VIII., Josefstädter Str. 2
Tél: 42 34 10
lun.-jeu. 7-22, sam./dim./ven. 8-22 h.
Café traditionnel, hélas rénové avec salle de jeux.

Café Frauenhuber
I., Himmelpfortgasse 6
Tél: 55 12 43 23
lun.-ven. 8-23, sam. 8-16 h.
Le plus vieux des cafés de Vienne fut ouvert en 1788 comme salle à manger et salle de concert de qualité (débuts de Mozart la même année). En 1824, il s'appela «Silbernes Kaffeehaus». Après 1900, il devint la propriété de Josef Frauenhaber qui l'exploita comme café-restaurant.

Café Grillparzer
XIX., Döblinger Gürtel 2
Tél: 34 54 85
lun.-sam. 7-2, dim./ven. 7-24 h.
Authentique café de faubourg. Solos de piano le samedi.

Café Hawelka
I., Dorotheergasse 6
Tél: 5 12 82 30
Ouvert 8-2, dim. 16-2 h., mar. fermé

Café Herrenhof
I., Herrengasse 10
Tél: 5 33 51 47
lun.-ven. 7-22, sam. 8-18, dim. 8-16 h.
Remplaça dès 1918 le Café Central comme café littéraire. C'est maintenant un petit bar expresso.

Café Imperial
I., Kärntner Ring 16
Tél: 5 01 10/3 89
Ouvert 7-24 h.
Café classique situé sur le «Ring». Ambiance au piano.

Kleines Café
I., Franziskanerplatz 3
Tél: 9 82 48 16
lun.-sam. 10-2, dim. 13-2 h.
Nouvelle génération de cafés.

Café Landtmann
I., Dr.-Karl-Lueger-Ring 4
Tél: 5 32 06 21
Elégant café-restaurant avec une grande terrasse couverte situé le long du «Ring». Dans la cave, le théâtre «Die Tribüne».

Café Museum
I., Friedrichstrasse
Tél: 56 52 02
Ouvert 7-23 h.
Construit en 1899 par Adolf Loos, ce café a été rapidement surnommé «Café Nihilismus» à cause de sa simplicité. Toujours au goût du jour.

Café Prückel
I., Stubenring 24
Tél: 5 12 61 15
Ouvert 9-22 h.
Ancien établissement luxueux de la Ringstrasse dont le charme désuet

doit beaucoup à son mobilier des années 50. Très grande salle de jeux.

Café Ritter
VI., Mariahilfer Strasse 73
Tél: 5 87 82 38
Ouvert 7.30-22, dim. 8-22 h.
Vaste café de style bourgeois et sérieux.

Café Wortner
IV., Wiedner Hauptstr. 55
Tél: 5 05 32 91
lun.-ven. 10-23, sam. 9-21, dim. 14-21 h.
Depuis la réouverture de ce café traditionnel, on peut y apprécier artistes et musiciens.

Café Zartl
III., Rasumofskygasse 7
Tél: 7 12 55 60
lun.-ven. 8-24, sam. 8-18 h., juin/juillet fermé sam., fermé en août
Vieux café viennois avec caisse.

Petit coup d'œil sur une carte de café viennois

Brauner Café servi avec un nuage de lait
grosser = dans une grande tasse
kleiner = dans une petite tasse
verlängerter = avec un peu plus d'eau

Einspänner Café noir servi dans un grand verre avec de la Schlagobers (crème fouettée).

Kapuziner Café noir couronné de crème fraîche (on entend par Kapuze une sorte de chapeau).

Mazagran Café froid servi avec du rhum et des glaçons. Se boit à la paille.

Melange Café servi avec du lait et de la mousse (Kaiser = avec du jaune d'œuf et de l'alcool).

Schwarzer Café turc noir servi dans un petit poêlon en cuivre (attention, n'oubliez pas de mélanger avant de servir).

Heurigen (tavernes ou maisons de vins)

Il existe des centaines de Heurigen dans les environs de Vienne. Les principaux villages viticoles sont, dans le nord, Grinzing, Neustift, Nussdorf, Kahlenbergerdorf, Ottakring et Sievering, et sur l'autre rive du Danube, Stammerdorf et Strebersdorf. Les journaux locaux vous préciseront quels Heurigen sont «ausgesteckt» (voir ci-dessous).

Petit aperçu de la cave à vins viennoise

Les principaux cépages cultivés dans les environs de Vienne sont le Grüner Veltiner, le Riesling, le Weisser Burgunder, le Traminer et le Neuburger.
Les notions de base suivantes sont importantes

Ausstecken Les viticulteurs et les patrons de Heurige suspendent des branches de pin à un bâton près de l'entrée pour montrer qu'ils offrent le vin de leur propre production. De là aussi le mot «Buschenschank».

Gespritzter Mélange équitable de vin et d'eau minérale.

Heuriger Veut dire vin de l'année, mais aussi taverne.

Sturm Vin à moitié fermenté et donc trouble (Federweisser).

Tours de ville/Spécificités linguistiques

Tours de ville

Abstraction faite des «Sightseeing Tours» des grands tour-opérateurs qui ne vous montrent que les curiosités touristiques remarquables (**City Touring**, tél: 8 94 14 17; **Vienna Sightseeing Tours**, tél: 71 24 68 30 etc.). On peut aussi découvrir Vienne hors des sentiers battus.

Une des manières les plus originales de se déplacer à Vienne est le **fiacre**. Les Viennois aiment convoler en justes noces dans ces taxis à cheval, originaires d'ailleurs de Paris où on les trouvait juste à côté de l'hôtel «Saint Fiacre». Où les trouve-t-on à Vienne? Au Stephansdom (cathédrale) et au Hofburg (Heldenplatz/Albertinaplatz). Ne négligez pas de vous mettre d'accord sur le prix et la durée de la course avant le départ.
Sous la dénomination de «Wiener Spaziergänge», les guides professionnels offrent différentes possibilités de promenades culturelles, architecturales et historico-musicales. Elles durent environ 90 minutes. (Dépliants et horaires disponibles dans les divers Tourist-Informations, tél: 5 14 50-243, 93 90 88, 2 20 66 20.)

Le Donau-Dampfschiffahrts-Gesellschaft-Rundfahrt (DDSG) vous mènera sur le Danube et son canal, sous les ponts et par les écluses, le long des rives tantôt vertes tantôt grises de Vienne (durée environ 3 heures). Embarcadères des bateaux DDSG: Donaukanal/Schwedenbrücke, Information DDSG, II., Handelskai 265, tél: 2 17 50-451.

Le circuit alternatif «**Traum und Wirklichkeit**» (Rêve et Réalité) traverse la ville en autobus une fois par semaine en haute saison (organisateur: Reisebuchladen, IX., Kolingasse 6, tél: 34 33 84, prix environ 280 öS). Il s'arrête aux endroits remarquables qui illustrent le glorieux passage de la ville d'un siècle à l'autre et l'entre-deux-guerres.

Un autre circuit s'intéresse plus particulièrement aux bâtiments officiels tél: 40 00-84 00.

Spécificités linguistiques

Courte leçon de mots «weanerischer»

Penser que l'on parle un allemand pur à Vienne peut donner lieu à des expressions cocasses, voire à de désagréables malentendus. Car les Viennois ont, au fil des siècles, coloré leur langue d'images qui leur sont propres et d'autres, qu'ils ont empruntées aux étrangers venus planter leur tente chez eux. En voici un choix arbitraire livré à votre réflexion:

arschlings	en arrière
Beisl	café-restaurant; anciennement petite brasserie, mot Rotwelsch, originaire de l'hébreu *bajit* qui signifie maison
Chef	(avec un long e, donc «sjeef»), se dit de quiconque dont on ignore le métier
dudeln	variante viennoise de yodler, venant du turc *duduk* = flûte
einiteufeln	s'occuper; aussi *einitheatern*
filutieren	tromper, du français *filou*
Gigel	*(aussi Gogl)* jeune homme dragueur. Le contraire de *Gigerl* est dandy
Haüsl	toilettes
I-Tüpfel	le point sur le i; par extension: *Itüpfelreiter* signifie pédant
Jackerl	petit verre de cognac; forme abrégée de *Cognackerl*
Katzelmacher	vient de l'italien; colporteur du Sud du Tyrol vendant des *Ggatzelen* ou louches en bois. Peut également provenir de l'italien *gazzara* aui signifie

Le Franz-Josefs-Kai avec vue sur la «Schützenhaus» de Otto Wagner

gazzara:	tapage ou dispute
Laberl	repas composé de morceaux de viande dont l'origine n'est pas connue avec certitude; cela n'a rien à voir avec *«Fetzerlaberl»*, que l'on pourrait traduire par un ballon de foot peu orthodoxe.
Maschekseiten	l'autre côté, du hongrois *a masik* = l'autre
neger	la plaidoirie
Piefke	désigne l'allemand; après 1938, on créera le même genre d'onomatopée entre *«Mexikaner»* et *«mag sie kaner»* (personne ne l'aime)
Quetschn	moulin à chanvre, trou de province, harmonica, avare, bouche de travers
Remasuri	désordre, de l'italien *rammasare* = entasser
Schmäh	mensonge ou truc, mais aussi habileté ou charme
Tramway	en abrégé *Tram* (of *Bim*)
Umurken	de l'allemand médiéval *umurke* = personne antipathique
Wean	Vienne; la diphtongue se prononce séparément. Les formes étrangères (Italien/Anglais *Vienna*, Français *Vienne*) se situent plus près de l'usage local que de l'allemand *Wien*. Probablement originaire d'une rivière où l'on transportait du bois, du slave *vedu* le bois
Zich o!	Tonnerre!, on dit aussi *Drah di!* ou *Schleich di!*

L'art noble: le grand escalier de l'Opéra.

Comment téléphoner

Le numéro d'accès international de l'Autriche à partir de la Belgique est le 00 43, et à partir de la France le 19 43. Ce numéro doit être suivi du préfixe sans 0 puis du numéro de l'abonné. Le numéro d'accès international de l'Autriche vers la Belgique est le 00 32 et vers la France le 00 33.

Pour de longues conversations, il est financièrement avantageux d'utiliser des cartes téléphoniques: une carte d'une valeur de 100 öS n'en coûte que 95, et une d'une valeur de 50 öS n'en coûte que 48. Ces cartes sont en vente dans tous les bureaux de poste et tabacs.

Le numéro d'appel pour information téléphonique est le 16 11 pour l'Autriche et le 08 pour l'étranger.

Théâtres, cabarets et opéras

Théâtres

Quelque 50 théâtres, grands ou petits, offrent le plus grand éventail de pièces en allemand. Seul le «**Bundestheater**» dispose d'un bureau central de prévente (I., Goethegasse 1, tél: 5 14 44-29 59/29 60, fax: 5 14 44-29 69).

Pour réserver des places dans les autres, on peut s'adresser directement à l'entrée du théâtre ou passer par le **Vienna Ticket Service,** tél: 5 87 98 43, fax: 5 87 98 44, A-1043 Wien, Postfach 160). L'agenda des pièces à l'affiche est placardé sur de nombreuses colonnes de la ville. Il est également repris dans le «Wieb-Programm» de la Fremdenverkehrsverband et dans les quotidiens.

Staatsoper
I., Opernring 2 (Bundestheater, voir plus loin)
Tél: 5 14 44-29 55/60
Ce batiment néo-Renaissance qui date de 1869 est l'un des plus grands opéras du monde. Il est l'œuvre de deux architectes qui y mirent tout leur cœur et toute leur âme. Lorsque l'empereur les critiqua, l'un se suicida et l'autre fit un infarctus. Ses directeurs, parfois peu orthodoxes, ont toujours réussi à faire parler de cette institution.

Burgtheater
I., Dr-Karl-Lueger-Ring 2
Tél: 5 14 44-29 59
Le Burgtheater est considéré comme le meilleur théâtre allemand. Lorsque Joseph II nomma «théâtre national» le Hofbühne créé par sa mère en 1776, Goethe atteignait la quarantaine et créait «Faust», sa première pièce symbolique classique. Les nouveaux bâtiments furent inaugurés 111 ans plus tard avec «Esther» de Grillparzer. Au 1er étage, une imposante galerie de bustes des plus célèbres auteurs d'œuvres théâtrales au monde réunit Goethe, Shakespeare, Molière et bien d'autres. Après la Seconde Guerre mondiale, le théâtre fut reconstruit (1953-1955). La tradition, en dépit de la volonté de la bourgeoisie viennoise, veut que l'on y monte des pièces modernes et provocatrices.

Akademietheater
III., Lisztstr. 1 (Bundestheater)
Tél: 5 14 44-29 59)
Petite scène du Burgtheater où l'on joue des pièces classiques, anciennes ou modernes, dans de remarquables mises en scène.

Volksoper
IX., Währinger Str. 78 (Bundestheater)
Tél: 5 14 44-33 18/19
On y trouve tout ce qu'il y a de plus classique pour Vienne: opérettes de Strauss et d'Offenbach, opéras allemands et comédies musicales.

Theater an der Wien
VI., Linke Wienzeile 6
Tél: 5 88 30-2 65
Théâtre traditionnel qui, jusque dans les années '30, était le centre de l'opérette viennoise et qui présente aujourd'hui des comédies musicales anglaises et américaines. C'est là qu'en 1803-1804 Ludwig van Beethoven composa son opéra «Fidelio» et que rôde encore «le Fantôme de l'opéra».

Theater in der Josefstadt
VIII., Josefstädter Str. 24-26
Tél: 4 02 51 27
Ce théâtre, aussi agréable à l'intérieur qu'à l'extérieur, connut son heure de gloire de 1924 à 1938.

Kammerspiele
I., Rotenturmstr. 20
Tél: 5 33 28 33
Théâtre de boulevard dans la Josefstadt.

Volkstheater
VII., Neustiftgasse 1

Volksoper

Concert de violons dans la Philharmonikerstrasse

Tél: 93 55 58
Ce temple de la parole viennoise, propriété des syndicats, propose un théâtre réaliste.

Raimund-Theater
VI., Wallgasse 18-20
Tél: 5 99 77-27
Répertoire d'opérettes.

Ronacher
I., Seilerstätte 9
Tél: 5 14 02
Ce beau bâtiment du passé, qui fut inauguré en 1888 comme premier théâtre de variétés allemand, remplaça le Burgtheater après la guerre et connut tous les hauts et les bas du show-business, de Josephine Baker à Lou van Burg. Sauvé aujourd'hui de la démolition après un an d'inactivité, le bâtiment rénové vient de donner une première de variétés.

Kulisse
XVII., Rosensteingasse 39
Tél: 45 38 70
Restaurant mer.-dim. 18-1 h.
Propose des œuvres Nestroy dans des mises en scène pleines de sensibilité.

Serapionstheater
XX., Wallensteinplatz 6
Tél: 33 42 31
Fruit de l'air du temps, avec danses,

pantomimes et beaucoup d'électronique.

Drachengasse 2 Theater
I., Fleischmarkt 22
Tél: 5 13 14 44 (petite salle: Drachengasse 2)
Théâtre politique sérieux aux accents féministes.

Cabaret

Les cabarets sont un des points forts de Vienne. On ne s'y encombre pas des grands noms du passé, comme Grünberg, Kreisler ou Qualtinger; on y saute à pieds joints dans la démence absolue ou l'humour noir du monde actuel des cabarets.

Kabarett Niedermair
VIII., Lenaugasse 1a
Tél: 4 08 44 92
Nadja Niedermair, d'une éternelle jeunesse, offre aux jeunes chansonniers l'occasion de se lancer.

K.u.K. (Kabarett & Komödie) am Naschmarkt
VI., Linke Wienzeile 4
Tél: 5 87 22 75
Scène libre du mime populaire Hans Peter Heinzl, qui vous régalera de friandises théâtrales.

Metropol
XVII., Hernalser Hauptstr. 55
Tél: 43 35 43
Restaurant mar.-dim. 18-24 h.
Lieu de provocation culturelle avec, au programme, une alternance de Biedermeier à Biermann.

Spitzbuben-Pawlatschen
XIX., Hackhifergasse 13
Tél: 37 12 85
Cabaret *Heurigen* classique, qui fait honneur à son nom..

Transports

Les Viennois aiment leur voiture mais pas forcément celle des autres. C'est pourquoi ils empruntent facilement les transports en commun. Et comme il y a peu de parkings... (voir chapitre «Départ et arrivée»). Avec l'autobus, le tramway, le Stadt- et le U-Bahn, Vienne dispose

De robustes femmes dans un cabaret viennois.

d'un réseau de transport tout-à-fait fonctionnel.
U 1 Reumannplatz - centrum Kagran
U 2 Karlplatz - Schottenring
U 3 Erdberg - Volkstheater - Johnstrasse
U 4 Hütteldorf - Heiligenstadt
U 6 Meidling - Nussdorfer Strasse - Heiligenstadt

Pour les touristes qui visitent Vienne, le billet de correspondance de 130 öS valable 71 heures est une aubaine exceptionnelle. Une autre solution elle aussi assez intéressante est une carte valable 8 jours, qui coûte 235 öS. Chacun des coupons de cette carte équivaut à un titre de transport valable une journée. Une personne peut ainsi voyager seule pendant 8 jours ou accompagnée d'une autre personne pendant 4 jours.

Vienne en chiffres

Vienne s'étend sur une superficie de quelque 41.495 hectares, dont près de la moitié sont des espaces verts (20.711) et dont 13.885 seulement sont construits.

La ville, qui enregistrait en 1910 une population de 2 millions d'habitants, n'en compte plus aujourd'hui que 1.531.346, dont la majorité habitent le quartier X (150.000). Le quartier I, par contre, ne totalise même pas 20.000 habitants.

Vienne est, par tradition, une cité multiculturelle. Au temps de la monarchie, Hongrois, Tchèques, Slovaques, Slovènes, Italiens... s'y côtoyaient. Actuellement, la communauté immigrée la plus importante est originaire de l'ex-Yougoslavie (environ 10%). Mais Vienne a aussi adopté des étrangers turcs et allemands.

Plus de 20% de la population viennoise est retraitée. L'espérance de vie y est de 77 ans pour les femmes et de 65 ans seulement pour les hommes.

Colophon

Titre original Wien City Guide & Map
Edition originale Vista Point Verlag, Köln

Texte Gudrun Hoffmann
Traduction et adaptation française Christine Donjean et Yvette Boulanger
Photos Fridmar Damm, couverture, 2/3, 23, 26/27, 44; Österreichische Nationalbibliothek, 5; Jânos Kalmâr, 7, 8 (en bas), 10, 11, 12, 13, 14/15, 16, 17 (en bas), 18, 19, 24/25, 28, 29, 31, 32, 36, 38, 39, 40, 43, 45, 46; Bilderberg, Renate v. Forster, 8/9; Peter Ginter, 17 (au-dessus), 20, 22, 47; Kurt Henseler, 21
Cartes Berndtson & Berndtson, Fürstenfeldbrück
Plan de ville: Kartografie Huber, München, 4
Maquette de la couverture Geert Verstaen
Mise en page, impression et finition: Imprimerie Lannoo s.a., Tielt - 1995
Imprimé sur papier recyclé à 100% et papier non chloré
D/1995/45/69 - ISBN 90 209 2657 8 - NUGI 471

Les CartoGuides

GUIDES PRATIQUES AVEC CARTES PLIABLES GÉANTES

Ces astucieux guides de voyages vous proposent:

UNE CARTE PLIABLE DÉTAILLÉE avec plan général de l'agglomération, plan du centre, plan des artères principales, carte des lignes des transports en commun et index des noms de rues et des curiosités.

UNE PROMENADE DE BASE qui vous emmène par les endroits les plus intéressants de la ville.

DES PROMENADES ALTERNATIVES, proposées à ceux qui souhaitent encore mieux découvrir la ville.

LES CURIOSITES À NE PAS MANQUER, un aperçu de toutes les curiosités locales avec adresses et heures d'ouverture.

DES RENSEIGNEMENTS PRATIQUES concernant les adresses et prix des hôtels et restaurants, transports en commun, shopping, sorties, etc.